DISCOURS PRÉLIMINAIRE

DE LA TROISIÈME ÉDITION

DU TRAITÉ DE LA DÉFENSE

DES

PLACES FORTES,

PAR M. CARNOT;

IMPRIMÉ séparément, pour servir de Supplément aux deux premières Éditions, et pour les Militaires de toutes les armes, qui, n'ayant pas besoin d'approfondir les questions traitées dans cet Ouvrage, veulent cependant en avoir une idée précise et suffisante pour l'exercice de leurs fonctions.

Dans la défense des Places fortes, la valeur et l'industrie ne suffisent point l'une sans l'autre ; mais elles peuvent tout, étant réunies.

PARIS,

Mᵐᵉ Vᵉ COURCIER, Imprimeur-Libraire pour les Sciences, quai des Augustins, n° 57.

AOUT 1812.

DISCOURS PRÉLIMINAIRE.

UNE troisième édition (1) de cet Ouvrage sur
la défense des places étant devenue nécessaire,
je me suis efforcé de le rendre plus digne de son
important objet; et j'ai fait un Traité suivi, de
ce qui ne fut d'abord qu'un ouvrage de circons-
tance.

Quoique dans tout le cours de ce Traité, j'aye
eu à cœur d'être compris par les personnes
qui ont seulement les premières notions de
l'art militaire, j'ai pensé que la longueur seule
de l'Ouvrage, et la nécessité où je me suis
trouvé quelquefois d'entrer dans des discus-
sions techniques, pourraient en interdire la
lecture à un assez grand nombre : et comme
cependant, dans un sujet qui intéresse si fort
la société toute entière, il importe que les
connaissances ne soient pas concentrées dans
un seul corps; je me suis attaché dans ce
Discours préliminaire, à résumer avec toute
la précision possible, les principaux points de

____

(1) Cette édition sera composée d'environ 600 pages in-4°, avec
11 planches, et paraîtra dans le courant du mois de novembre prochain.

cette partie de l'art, qui d'ailleurs n'est point abstraite; afin que tout le monde , même ceux qui n'en ont fait aucune étude , puissent en saisir l'esprit et en juger sainement. Je me propose donc dans ce Discours, d'exposer en peu de mots l'état de la question qui fait le sujet de cet Ouvrage, de faire connaître la situation actuelle des choses à cet égard, la nécessité reconnue d'y apporter des changemens, et enfin quels sont ceux de ces changemens qui paraissent les plus propres à l'améliorer.

C'est l'équilibre des forces militaires qui rend les états indépendans les uns des autres. Mais toutes les puissances ne pouvant mettre sur pied un même nombre d'hommes, cet équilibre ne saurait subsister, que par des obstacles soit naturels, soit artificiels, qui prêtent un point d'appui au plus faible, et retardent au moins l'invasion de son pays, jusqu'à ce que les autres puissances intéressées au maintien de cet équilibre, aient réuni leurs efforts pour contrebalancer ceux de la puissance prépondérante.

Si de grandes chaînes de montagnes, d'immenses forêts, des déserts arides, des marais impraticables, ou la mer séparent les frontières de ces différentes puissances; ces obstacles seront des fortifications naturelles, supérieures à tous les travaux de l'art : mais si les lignes de démarcation sont établies au milieu de plaines fertiles, traversées par des communications faciles, il faudra suppléer par des travaux d'industrie à ces défenses naturelles.

Des retranchemens continus, ou murailles non-interrompues, comme celle qui borne la Chine au nord, seraient des ouvrages trop dispendieux, trop difficiles à garder dans toute leur étendue : et il suffirait que l'ennemi les eût forcés en un point, pour qu'il en fût le maître partout. Le besoin et la réflexion ont bientôt fait sentir, qu'il vaut mieux se borner à garder les points principaux par des places isolées, dans lesquelles on rassemble tous les moyens nécessaires à une défense locale; et qui, quoique séparées, n'en font pas moins l'effet d'une ligne continue : parce que si l'ennemi voulait pénétrer dans les intervalles, il se trouverait exposé à être harcelé sur ses derrières, et coupé par les garnisons de ces places, qui se répandraient dans ces intervalles, et rendraient la retraite impossible ou du moins très-périlleuse.

De semblables points d'appui ne sont pas

même inutiles au plus fort, parce que les autres puissances pourraient à son insçu former
des coalitions contre lui, l'attaquer à l'improviste, ou profiter de quelques troubles inté-
rieurs dans ses états, les susciter même, pour
y empêcher les levées, et l'organisation exacte
qu'exige toute force armée, quelque nombreuse
qu'elle soit.

L'expérience a prouvé qu'un cordon régulier
de places fortes, distribuées convenablement
sur les frontières, était le plus sûr moyen de
prévenir ces crises, et de préserver les états de
ces grandes et subites révolutions qui les boule-
versèrent si souvent autrefois, et qui boule-
versent encore les pays qui sont entièrement
dénués de fortifications, que c'est par elles,
qu'on est dispensé d'avoir continuellement sur
pied d'innombrables armées, pour garder toutes
les avenues du territoire, qu'elles empêchent
les peuples civilisés de devenir la proie des
barbares, et le sort des nations d'être com-
promis par le mauvais succès d'une bataille,
qu'elles maîtrisent jusqu'à un certain point les
hasards, assurent la possession des passages
importans, des ports, des entrepôts de subsistances, des grands établissemens de com-
merce, qu'elles préviennent une multitude de

guerres, par la série des difficultés qu'elles laissent entrevoir aux conquérans, et les ressources qu'elles offrent à l'opprimé; qu'en un mot, suivant l'expression de Montécuculli, ce sont *les ancres sacrées qui sauvent les états.*

Ce n'est pas qu'on ne puisse abuser des places fortes, comme on abuse des meilleures choses: mais leur institution n'en est pas moins bonne et utile, l'abus facile à éviter, et leurs inconvéniens généralement bien au-dessous des avantages qu'elles peuvent procurer. Ce sont les armes défensives des puissances, comme les boucliers le sont des individus : les boucliers ne blessent point, ils ne font que parer les coups. Les places fortes sont de même essentiellement conservatrices, et seules sous ce rapport, parmi les grands instrumens de guerre, elles semblent être justifiées aux yeux de l'humanité.

Mais pour que les places fortes puissent produire les heureux effets qu'on a droit d'en attendre, il faut qu'elles soient inexpugnables à l'aide de leur garnison, ou que, du moins, elles puissent être assez longuement défendues, pour ôter aux ennemis l'envie de les attaquer. Il faut aussi qu'elles n'inspirent point une fausse confiance, en laissant penser qu'elles peuvent se défendre d'elles-mêmes. Il faut enfin, qu'elles n'affaiblissent point l'esprit militaire, qui doit toujours être puissamment maintenu dans chaque pays, pour que ce pays ne devienne pas le jouet des puissances étrangères, et pour qu'il soit dispensé du besoin d'être injuste ou astucieux vers elles.

Si les places n'étaient pas susceptibles d'une longue défense, elles ne rempliraient pas leur objet ; car elles ne donneraient pas à celui qui serait attaqué, le temps de réunir ses propres forces ou celles de ses alliés contre l'agresseur. La place tomberait entre les mains de celui-ci, augmenterait encore sa force comparative, et produirait, par conséquent, l'effet diamétralement opposé à l'équilibre qu'il s'agit de maintenir.

Il faut savoir maintenant, si les places telles qu'elles existent, telles que nous savons les défendre dans l'état actuel des choses, remplissent cette condition fondamentale ; or l'expérience prouve le contraire ; car par le relevé des journaux de tous les siéges modernes, nous voyons que, sauf quelques exceptions rares, dues à des circonstances particulières, nos places médiocres ne peuvent tenir plus de 20 jours, et les meilleures plus de 40 jours ; intervalle qui ne suffit point pour rassembler des forces imposantes ; surtout si les armées se trouvent employées à des expéditions lointaines.

Il n'en était pas ainsi autrefois : les places fortes se défendaient pendant des années entières, et le plus souvent, après de vains efforts, l'assiégeant se voyait obligé de lâcher prise, avec une armée totalement ruinée. Le siége d'une place était donc alors une opération décisive, aussi bien pour celui qui l'entreprenait, que pour celui qui avait à le soutenir.

Tel était l'état des choses lorsque parut M. de Vauban : elles changèrent bientôt de face ; Vauban créa un nouvel art des attaques, aucune place ne put tenir contre ses procédés, toutes succombèrent au terme à peu près dont nous avons parlé ci-dessus.

Mais cet illustre ingénieur, toujours occupé de l'attaque, ne fit rien d'important pour la défense : il construisit à la verité beaucoup de places neuves ; mais presque toutes avant que d'avoir fait ses grandes découvertes sur la science des attaques : elles ne furent donc pas disposées pour contrebalancer l'ascendant de son nouvel art, et ces nombreux monumens firent seulement connaître les ressources du génie de leur auteur, pour adapter la fortification au terrain, et profiter de ses avantages naturels; mais elles ne rétablirent point l'équilibre que M. de Vauban avait rompu lui-même, et laissèrent pour ainsi dire regretter l'inexpérience où l'on avait été jusqu'alors.

Ses successeurs ont cherché à rétablir cet équilibre sans y avoir réussi, et de leur aveu, les changemens qu'ils ont faits à sa manière de fortifier, ne procurent pas aux places fortes une résistance sensiblement plus grande que celle qui avait lieu auparavant.

Cette branche de l'art militaire est donc restée inférieure aux autres, et l'on sent chaque jour le besoin de travailler à la rétablir dans le rang qu'elle a perdu.

Malheureusement, les talens supérieurs des hommes qui s'en sont occupés sans succès remarquables, ont conduit à la persuasion commune que la chose est impossible. M. de Vauban lui-même, obligé de changer de rôle sur la fin de sa vie, et de chercher de nouveaux moyens de défense, n'a laissé sur cela qu'un petit nombre d'idées éparses, et les travaux qu'il fit exécuter alors, portent le caractère d'imperfection de tous les arts naissans. Sa méthode des attaques avait eu pour objet et pour résultat, de ne pas laisser sur les remparts un seul point qui fût habitable pour les défenseurs, et où l'on pût conserver une pièce d'artillerie. Il voulut alors rendre à l'assiégé ce qu'il lui avait ôté; il renouvela pour le mettre à couvert, l'emploi des casemates qu'on avait abandonnées, il en fit établir d'une construction particulière à Landau et à Neufbrisach; mais elles n'atteignirent qu'imparfaitement le but qu'il s'était proposé, et laissèrent seulement voir quelles avaient été ses intentions.

Ses disciples, au nombre desquels M. de Cormontaingne tint le premier rang, tout en affectant la plus scrupuleuse fidélité aux principes de leur maître, exclurent néanmoins précisément celui que M. de Vauban avait regardé comme seul capable de rétablir l'équilibre perdu; les casemates furent abandonnées de nouveau, et décidément bannies des fortifications modernes. On imagina un nouveau système qui fut annoncé comme une simple modification de celui de Neufbrisach, quoiqu'il en différât par ce point essentiel; on établit des formules pour calculer la durée probable des sièges, suivant la nature de leur tracé seulement, et sans y tenir aucun compte des actes de vigueur que peut faire une garnison, ni des moyens que peut procurer la disposition des ouvrages, soit pour favoriser ces coups de main, soit pour mettre l'artillerie à couvert; on décida, d'après ces formules, qu'on avait atteint le *maximum* de la perfection, et il fut en quelque sorte interdit d'autorité aux jeunes officiers du génie, de se livrer à de nouvelles recherches sur la même question. C'est ainsi que cette branche de la science militaire devint une sorte de transaction tacite entre l'assiégeant et l'assiégé; que des retirades méthodiques fixèrent l'époque précise de la capitulation pour chaque ordre de forteresses; que ce ne fut plus l'art de défendre les places qui fut enseigné dans les écoles, mais celui de les rendre honorablement, après certaines formalités convenues.

Une réflexion bien simple aurait dû cependant faire reconnaître tout de suite le peu de solidité des bases de ce calcul; c'est qu'il est établi en principe dans l'art militaire, et prouvé par un grand nombre d'expériences, que toute place qui peut être ravitaillée à volonté, comme le sont ordinairement les ports de mer, est toujours très-difficile à prendre, quel que soit d'ailleurs le tracé de sa fortification. Il n'est donc pas vrai que ce tracé soit le seul ni même le principal élément de la défense. C'est au contraire un élément très-secondaire; le principal, comme on le voit par le fait que nous venons de rapporter, consiste dans la force de la garnison et le matériel des approvisionnemens.

M. de Montalembert, qui n'était point astreint à la discipline des officiers du génie, ressuscita le système des casemates qu'avait voulu introduire M. de Vauban, mais sur des bases toutes différentes et beaucoup plus étendues; elles ne furent plus dans sa fortification une espèce d'accessoire, mais le principe fondamental de toutes ses constructions; il prouva par de grandes expériences, que les défauts qui les avaient fait proscrire pouvaient être corrigés, et que l'usage en était facile. Cette découverte fit époque, elle fut combattue avec d'autant moins d'urbanité par les antagonistes de M. de Montalembert, que la raison n'était pas de leur côté.

Mais M. de Montalembert, quoique d'un esprit inventif, ne tira de sa découverte aucun parti avantageux; et les applications qu'il en fit à la composition d'un grand nombre de systèmes, ne furent point heureuses. Il se fia trop à la multitude des feux casematés pour empêcher les approches de l'ennemi; il ne les déroba point aux batteries de la campagne, qu'il prétendit faire taire avec les siennes; sans prendre garde que quand même il aurait eu la supériorité du nombre des canons, les clefs de ses voûtes battues de plein-fouet, ne pouvaient manquer d'être bientôt détruites, sans qu'il pût les rétablir, et que la quantité seule des munitions qu'il aurait fallu consommer pour arrêter les progrès de l'ennemi, était un obstacle invincible à l'adoption de ses systèmes. Cependant la vérité fondamentale a surnagé, et les casemates sont généralement reconnues aujourd'hui par les ingénieurs eux-mêmes, comme l'unique moyen de conserver l'artillerie, et de sauver les défenseurs, sans lesquels une place, quelque parfaite qu'elle soit par elle-même, n'est plus qu'un corps sans ame, une machine sans moteur.

Mais, à quoi serviront ces casemates, si l'on ne parvient à les dérober aux vues de l'ennemi? Et si on ne les empêche d'être vues de l'ennemi, comment le verra-t-on soi-même, puisqu'il est évident qu'on ne peut voir sans être vu? Comment enfin fera-t-on feu sur lui, sans recevoir ses coups réciproquement? Comment pourra-t-on l'arrêter ou seulement ralentir sa marche ? Voilà le problème qui est maintenant à résoudre et dont M. de Montalembert ne s'est point occupé.

La solution de ce problème est cependant fort simple, et c'est l'un des deux points principaux qui servent de base à ma nouvelle doctrine. Cette solution s'obtient tout simplement, en substituant des feux courbes ou verticaux, tels que celui des mortiers et des pierriers, au feu direct des canons et de la mousqueterie. Car les premiers peuvent, étant casematés, tirer par-dessus les parapets qui les dérobent aux vues de la campagne, se trouver ainsi à l'abri de tous les coups, et néanmoins aller chercher l'ennemi derrière ses épaulemens, tandis que des feux directs, tels que ceux qui font la base de la défense actuelle, sont nécessairement aperçus de tous les points qu'ils peuvent découvrir eux-mêmes ; que le plus souvent ils sont battus par plongée, d'enfilade et de revers, et qu'enfin ils ont à lutter contre la force toujours supérieure de l'assiégeant qui, masqué par des parapets contre ces feux directs, ne leur laisse presque aucune prise.

Mais la solution de cette première difficulté ne suffit point pour détruire l'effet des attaques de M. de Vauban : car sa méthode consiste à marcher avec peu de monde, à s'avancer pied à pied, à cerner et envelopper peu à peu par ses lignes toujours bien liées entre elles, toujours bien soutenues les unes par les autres, toutes les défenses de la place ; sans jamais brusquer les attaques, tant qu'il peut s'en dispenser; sans jamais rassembler sur un même point une grande masse de forces; sans jamais compromettre comme on le faisait avant lui, par des coups de main hasardés, une portion considérable de son armée. Marchant toujours avec circonspection, toujours couvert par ses épaulemens, le feu de la place ne peut lui atteindre dans ses têtes de tranchée, que par hasard un petit nombre de travailleurs, qu'il fait remplacer aussitôt; et c'est avec cette marche compassée et lente en apparence, qu'il abrège pourtant d'une manière inimaginable la durée des siéges; qu'il en atténue prodigieusement le danger pour l'assiégeant, et qu'il rend le succès de ses opérations infaillible.

Peu de personnes paraissent avoir saisi le véritable esprit de ce système des attaques de M. de Vauban; peu ont remarqué en quoi précisément consiste le caractère qui le distingue de la méthode pratiquée avant lui, et c'est ce qui fait sans doute, qu'on n'a pas trouvé

le

le véritable genre de défense qu'il convient d'opposer à ce système d'attaques. M. de Vauban lui-même semble croire que la place doit toujours finir par être prise, et que l'assiégé ne peut se promettre autre chose que de retarder plus ou moins la marche de l'ennemi. Ce préjugé pouvait en quelque sorte paraître légitime, chez un homme accoutumé à ne trouver jamais d'obstacle insurmontable, mais son influence n'en a pas été moins nuisible, en ce qu'elle a détourné les idées du noble but qu'elle doivent se proposer, qui est la levée du siége, et les a retenues dans cet esprit de chicanes et de retirades successives, qui n'a été que trop bien suivi depuis cette époque. On s'est persuadé naturellement que le mode de défense devait se conformer à celui des attaques; que puisque celles-ci procédaient pied à pied, il fallait que l'autre fît de même. On peut assurer que cette méprise est la cause primitive de cette infériorité constante où est resté l'art défensif; il est certain au contraire qu'en principe général, il faut que l'assiégé opère toujours en sens inverse de l'assiégeant; que contre les attaques de vive-force, il doit se défendre pied à pied, et que contre les attaques

faites pied à pied, il doit se défendre de vive-
force. Car, si l'ennemi se trouve en force
sur les avenues de la place, il serait absurde d'aller lui présenter le combat avec une
garnison qu'il faut infiniment ménager ; mais
c'est alors que, comme il offre une grande
prise aux projectiles, il faut l'en accabler. Au
contraire, s'il n'a que des travailleurs mal soutenus dans les têtes de sapes, c'est alors que
la multitude des projectiles tomberait à vide,
tandis qu'avec de légers détachemens, il sera
facile d'être partout plus fort que l'ennemi,
de tuer ou disperser ses travailleurs, et de
culbuter leurs travaux.

Mais mon objet dans ce discours se réduit
à faire voir comment, dans le système des attaques de M. de Vauban, on peut contraindre
l'assiégeant, malgré ses principes contraires,
à venir se présenter en masse sur les avenues
de la forteresse, sous le feu voisin de toutes
les casemates à feux verticaux dont nous
avons parlé ci-dessus, et comment, par conséquent, il se trouve forcé d'éprouver toutes
les pertes qu'a voulu lui faire éviter M. de
Vauban. C'est la solution de ce nouveau problème qui fait le second point fondamental de
la nouvelle doctrine que j'essaie ici d'établir.

Cette solution s'obtient en pratiquant sur toutes les avenues de la place, un grand nombre de débouchés faciles et d'une retraite assurée, afin de pouvoir se porter à volonté et subitement sur chacun de ces points environnans. Car alors, si l'ennemi se contente de mettre quelques travailleurs dans les têtes de sape, on fera sur eux, comme on vient de le dire, une sortie brusque d'un petit nombre d'hommes, pour tuer les travailleurs, et détruire leur ouvrage; et si au contraire l'ennemi met beaucoup de forces à proximité pour soutenir ces travailleurs, on aura rempli l'objet qu'on s'était proposé, celui d'attirer l'assiégeant en masse, sous l'immense quantité des feux verticaux couverts, dont j'ai parlé ci-dessus.

Le nouveau mode de défense consiste donc dans ce jeu alternatif des sorties et des feux verticaux; de manière que l'ennemi ne puisse éluder ceux-ci sans s'exposer à celles-là, ni se mettre en mesure contre les premières sans se faire accabler par les autres.

Je suis loin de prétendre cependant, qu'on doive exclure de la défense des places l'emploi des feux directs. Il en faut pour contrarier l'établissement des premières batteries; il en faut pour surprendre l'ennemi, en les portant sans préparation, tantôt sur un point, tantôt sur un autre; il en faut encore, pour être mis sur-le-champ en batterie, lorsque l'ennemi vient à masquer son propre feu par ses nouveaux logemens; il en faut enfin, pour balayer les fossés, lorsque l'ennemi veut surprendre la ville, ou tenter une escalade. Mais toutes ces choses n'ont lieu que par momens. Pour la marche régulière, il faut une autre espèce de tir, qui puisse aller chercher l'ennemi dans le fond de ses tranchées, c'est-à-dire, qu'habituellement alors, ce sont les feux verticaux qui doivent jouer le rôle principal, et que les feux directs n'y sont que secondaires.

Il est vrai que nos fortifications aujourd'hui existantes ne sont guère disposées pour remplir la double intention des feux verticaux et des coups de main; parce que d'une part, elles manquent entièrement d'abris pour l'artillerie et pour les défenseurs, et que de l'autre, elles n'offrent pour communications et pour faire les coups de main dont nous venons de parler, que des défilés étroits, dont l'ennemi observe les débouchés, et qu'il détruit facilement. Mais on peut, par quelques travaux du moment, multiplier et agrandir ces débouchés suivant les localités, et suppléer aux casemates par des blindages. J'ai discuté au long dans l'ouvrage même, ces défauts et beaucoup d'autres qui sont inhérens à la fortification actuelle, et j'ai proposé les moyens d'y remédier, soit dans le cas de forteresses neuves à construire, soit dans le cas où il s'agit seulement de corrections et de modifications à faire aux anciennes places. Ici je me borne à ce qui regarde l'acte même de la défense proprement dite, sans m'occuper des constructions. J'observerai seulement que dans le système de fortifications appelé moderne, bien loin de remédier aux deux défauts majeurs dont nous venons de parler, on n'a fait que les aggraver: 1°. en en proscrivant absolument les feux couverts; 2°. en multipliant les barricades qui séparent l'assiégé de son ennemi, de sorte que les retours offensifs sont devenus encore plus difficiles qu'autrefois. On y est donc réduit pour toute défense, au feu direct dont nous avons fait voir la presque-nullité. Aussi on peut accorder que les calculs de M. de Cormontaingne, fondés sur cette hypothèse, sont réellement applicables à son propre système dont ils démontrent la faiblesse; mais ils ne le sont nullement au nouveau mode qu'il n'avait pu prévoir dans ses formules, absolument étrangères à l'alternative des deux moyens essentiels sur lesquels est fondé ce nouveau système de défense.

Ce sont les développemens de ce que nous venons de dire, les preuves détaillées, les applications, les diverses conséquences qui en dérivent, qui font le sujet de l'ouvrage que j'ai entrepris; c'est aussi dans ce cercle que je me suis renfermé; mon but n'étant pas d'enseigner ce qui se fait, mais ce que je crois qui doit se faire (1).

Quelque certaines, au surplus, quelque palpables que soient les vérités que je viens d'établir; ce serait méconnaître la marche ordinaire de l'esprit humain, que de penser qu'elles seront accueillies, sans éprouver de longues contradictions; elles auront le sort de toutes les autres vérités; elles seront long-tems repoussées, elles le sont d'avance. La force seule des choses en amènera un jour l'adoption plus ou moins tardive.

---

(1) Ceux qui veulent connaître à fond ce qui se pratique réellement aujourd'hui dans la construction, l'attaque et la défense des places, ne peuvent mieux faire que de consulter l'ouvrage de M. de Bousmard, en quatre volumes in-4°, et un atlas in-folio, de planches. M. Magimel, libraire, s'occupe en ce moment de faire une édition portative de cet ouvrage.

« La coutume, *dit le général Lloyd*, est un
» tyran plus impérieux que tous les despotes
» de l'Orient. Il n'y a point d'argument direct,
» qui puisse arracher des esprits une opinion
» bien ou mal fondée ; c'est au temps seul,
» aidé de quelques circonstances favorables,
» à la sécher dans ses racines. On se donne
» bien de la peine, pour ne gagner que de
» la haine, quand on entreprend de démontrer
» à un homme, qu'il est dans l'erreur, et que
» son opinion est absurde. »

Ces observations du général Lloyd, quoique
faites avec un peu d'aigreur, n'en sont pas
moins vraies et de tous les pays.

Quelques objections m'ont été faites sur les
premières éditions : j'ai répondu en peu de
mots dans celle-ci à ces objections, qu'il m'eût
suffi peut-être d'énoncer, pour en faire sentir
la petitesse et le ridicule.

Mais il en est une sur laquelle je me crois
obligé d'entrer ici dans quelques développemens, parce qu'elle a séduit des personnes de
bonne foi, et je reconnais qu'en effet, je n'avais
pas donné sur cela, dans les premières éditions, des explications suffisantes. Il s'agit du
sacrifice d'hommes qu'exige en apparence le
nouveau mode de défense proposé. Ce sacri-

fice au contraire, comme on va le voir, n'est
pas, à beaucoup près, aussi considérable que
dans le mode actuel; et c'est ici même que se
trouve le résultat le plus important de la nouvelle doctrine. Pour s'en convaincre, il suf-
fira d'analyser succinctement, et de comparer
les deux méthodes.

Dans le monde actuel, l'artillerie et les défenseurs sont rangés tout à découvert sur les
remparts, occupés à faire perpétuellement un
feu très-inutile; puisqu'ils ne font que tirer de-
vant eux, sur un ennemi qu'ils ne voient pas,
et qui leur est dérobé par des épaulemens, où
vont s'enterrer les balles et les boulets qu'on
lui envoie.

Mais si le feu de la place est insignifiant
pour le succès de la défense, celui de l'assiégeant ne l'est pas contr'elle. Il enfile toutes
les branches des ouvrages par des ricochets,
et si quelqu'obstacle s'oppose à l'établissement
de ces ricochets, il écrase ces mêmes ouvrages
par des pierres et des bombes, au point que
deux ou trois jours lui suffisent pour démonter
toute l'artillerie des remparts, tuer ou estro-
pier la plus grande partie des défenseurs,
briser les palissades, et balayer en un moment tout ce qui ose encore se montrer. Alors

n'ayant plus rien à craindre, pas même ce vain bruit qu'avait pu faire l'assiégé d'abord ; l'assiégeant vient planter ses batteries sur le haut du glacis, fait brèche en 36 heures au mur le plus épais, et la place est forcée de se rendre, à moins que par une sorte de fanatisme de bravoure, la garnison ne prenne le parti extrême de soutenir un assaut, dont le mauvais succès peut entraîner le massacre de la population toute entière. Telle est l'histoire de tous les siéges, depuis la méthode des attaques imaginées par M. le maréchal de Vauban. Voyons maintenant quels sont les procédés de la nouvelle défense proposée.

D'abord dans ce nouveau mode, du moment que l'assiégeant à établi ses nouvelles batteries au milieu de la campagne, il ne doit plus paraître sur les remparts, ni un seul homme , ni une seule pièce de canon. Tout est retiré dans des casemates ou sous des blindages, d'où l'assiégé se contente de tirer à ricochet sur les tranchées et le long des capitales, en attendant que l'ennemi s'approche assez pour se trouver sous la portée de ses pierriers casematés, c'est-à-dire sur les glacis même de la place. Alors si cet ennemi se présente en force, l'assiégé met en jeu tous les pierriers et l'accable

de projectiles, sans que les coups de l'assiégeant puissent tomber sur qui ce soit, sinon
par un hasard qu'on ne saurait prévoir.

Si au contraire l'assiégeant se borne à pousser
des têtes de sape dans lesquelles il y ait seulement quelques travailleurs, on forme une
multitude de petits détachemens, qui partant
à l'improviste, pendant qu'on suspend l'action
des pierriers, marchent rapidement sur les
têtes de sape, tuent les travailleurs, culbutent
leurs tranchées, et sont revenus avant que
l'ennemi, dont le système supposé alors, est
de se tenir hors de la portée des feux verticaux,
ait pu venir au secours de ces travailleurs.
Telle est la marche prescrite à l'assiégé depuis
le commencement du siége jusqu'à la fin.

Je demande maintenant, laquelle de ces deux
méthodes est la plus sûre pour les défenseurs
et la plus meurtrière pour l'assiégeant? Il ne
faut pas être bien savant pour répondre à cette
question (1).

---

(1) Suivant M. de Cormontaingne, le mérite d'une place doit se
mesurer uniquement par la durée probable du siége, sans aucun
égard aux pertes respectives de l'assiégeant et de l'assiégé. Il vaut
mieux gagner un jour que de détruire la moitié de l'armée assié-
geante; il vaut mieux tenir une heure, que de sauver la moitié de
la garnison. On ne doit calculer que le tems. Faut-il s'étonner que les

Sans doute il faut de la valeur et de l'industrie tout ensemble pour conduire une défense telle que je viens de la proposer; il faut de la valeur pour les coups de main multipliés qui doivent avoir lieu à l'attaque continuelle des têtes de sape; il faut de l'industrie pour saisir le moment convenable, prendre l'ennemi sur le tems, mettre l'artillerie et les hommes à couvert, lorsqu'ils ne sont pas employés à ces attaques : mais n'est-il pas évident que ces deux élémens incontestables de toute bonne défense, la valeur et l'industrie, sont ici combinés de la manière la plus avantageuse ? tandis que dans les procédés ordinaires ils le sont sans fruit; que le second manque absolument et que le mauvais emploi du premier ne fait qu'accélérer la perte totale de l'assiégé.

La méthode proposée est fondée sur les coups de main, elle consiste essentiellement à convertir le système général de la défense en une série d'attaques partielles : mais remarquons que ces coups de main se font toujours en opposant le fort au faible, un détachement de gens armés contre un groupe de travailleurs

---

partisans d'une pareille doctrine se mettent si peu en peine de procurer des abris à leurs défenseurs, et qu'ils ne voient rien de mieux que d'entasser chicanes sur chicanes ?

surpris et peu ou point soutenus; remarquons que ces attaques partielles n'ont jamais lieu au loin, que la scène se passe toujours sur le glacis et sous le feu immédiat de la place; que si l'ennemi y vient, il est accablé de feux verticaux, que s'il n'y vient pas on n'a rien à en craindre, et qu'on reste alors maître du champ de bataille.

L'expérience prouve qu'on court bien moins de risque en faisant par intervalle des incursions momentanées pour surprendre l'ennemi, qu'en demeurant toute une journée collé derrière un parapet, enfilé et plongé de toutes parts; et cependant la première manœuvre produit un tout autre effet que l'autre, au moral aussi bien qu'au physique. Elle entretient le courage, elle soutient la confiance qui est le gage de la victoire. Le caractère national du Français est d'attaquer toujours; il gagne de l'audace en allant à l'ennemi; il en perd s'il attend; un rôle passif ne lui convint jamais. Pourquoi ne ferait-on pas usage de ces données dans la défense des places, aussi bien que dans la guerre de campagne ? C'est une grande erreur que de négliger dans un calcul, ces résultats d'une longue suite de faits.

Dans le sytème actuel des retirades méthodiques, la perte de la place est inévitable ; dans le nouveau système, au contraire, on n'est jamais forcé de la rendre, aussi long-tems qu'on a des hommes, des subsistances et des munitions ; parce qu'on ne perd pas un seul point du théâtre de la défense rapprochée, qu'on ne le reprenne aussitôt, et avec moins de perte d'hommes que s'il avait fallu le défendre quelques heures seulement de pied ferme. La valeur est donc mieux employée dans le nouveau mode, mieux secondée par l'industrie.

La valeur et l'industrie sont les deux élémens de la défense, et chacune fait le sujet d'une des parties de mon ouvrage. C'est dans la première de ces deux parties, que j'ai cité une multitude d'exemples de siéges anciens et modernes, pour faire connaître combien le premier de ces élémens influe sur la défense des places, combien il est fécond en ressources, combien il prête de secours à l'industrie elle-même.

Ce serait cependant prendre le change, que de considérer ces exemples comme des règles à suivre littéralement. Ils ne sont tels, ni sous le rapport de l'industrie, ni même sous celui de la bravoure. Sous celui de l'industrie, quoi-qu'ils suggèrent une foule de stratagèmes tou-

jours utiles, ils offrent néanmoins en général
des procédés trop inférieurs à l'état des connaissances actuelles : sous celui de la bravoure, ils n'offrent point une conduite suffi-
samment tempérée pour les mœurs de notre
siècle ; ils se ressentent de la barbarie que les
cordons de places fortes ont eux-mêmes infiniment contribué à bannir de l'art militaire.
L'opinion générale se révolterait contre les
fureurs qu'ont souvent inspirées dans la défense des places anciennes, l'aveuglement des
prétentions et les haines personnelles. Ce n'est
plus là le courage, car le courage est généreux ;
il sait faire le sacrifice de ses ressentimens,
et reconnaître les lois de la nécessité.

La ligne de démarcation qui existe entre
la bravoure qui fait la gloire des héros, et la
férocité qui déshonore les faux braves, est
tracée dans les cœurs. Les lois positives qui
doivent toujours être les interprètes de l'opinion des sages, la déterminent clairement ;
elles assignent le terme auquel un gouverneur
peut se rendre, et je dirai même qu'alors il
le doit, car elles ne l'autorisent point à faire
égorger la population d'une ville confiée à sa
surveillance. Elles ont marqué l'ouverture du
dernier retranchement pour le terme de la ca-

pitulation, mais elles exigent de lui qu'il se hâte de faire ce retranchement, et qu'il défende tout ce qui est en avant jusqu'à son dernier soupir. La loi exige des défenseurs tout ce qui est dans l'ordre des choses possibles; exiger plus qu'elle, c'est vouloir qu'elle ne s'éxecute pas.

Il n'y a aucune contradiction, à poser en principe qu'une place ne doit jamais se rendre, tant qu'elle est pourvue d'hommes, de vivres et de munitions, et à fixer néanmoins pour terme de la défense, l'ouverture de la brèche au dernier retranchement. C'est qu'en effet, cette brèche ne peut jamais avoir lieu, si la place est bien défendue. Car pour faire brèche au retranchement, il faut que l'ennemi dresse sa batterie sur l'enceinte du corps de place; or cette batterie sera ou ne sera pas soutenue; si elle n'est pas soutenue, elle doit être enlevée sur-le-champ d'un coup de main par la garnison, et si elle l'est, elle sera écrasée ainsi que le détachement qui la soutient, par les feux verticaux sans nombre, qui doivent être blindés ou casematés derrière le parapet du retranchement. En posant donc en principe que la place ne doit point se rendre, on ne fait qu'imposer aux commandans l'obligation de la défendre avec toute la bravoure et l'industrie dont ils sont capables, sans compromettre la sûreté des habitans.

Il serait trop long de faire voir ici, combien sous divers autres rapports, le nouveau système de défense proposé, épargne de rigueurs et de dévastations gratuites. J'observerai seulement, comme ce qu'il y a de plus remarquable à cet égard, que, comme il concentre toute la défense sur le glacis même, il n'exige plus ni le rasement des maisons qui sont sous le canon de la place, ni l'incendie des faubourgs; que l'expulsion même des bouches appelées inutiles, n'est plus une chose qui doive paraître indispensable, d'après le mode d'approvisionnemens qui dérive des principes généraux établis.

Tel est le compte préliminaire que j'ai cru devoir rendre de mon ouvrage, aux personnes dont on doit respecter l'opinion, et qui s'identifiant au bonheur de leur patrie, ne peuvent cependant approfondir toutes les questions qui s'y rapportent.

FIN.

Vp.

4431